E. VEUCLIN

A BERNAY

DE L'IMPRIMERIE VEUCLIN, PELAGE ET DULUD

1879

LES

CAHIERS DU TIERS-ÉTAT

DE LA
VILLE DE BERNAY

INTRODUCTION

Quatre-vingt-dix ans seulement nous séparent de la Révolution de 1789, dont l'histoire a été écrite par Thiers, Guizot, Louis Blanc, Michelet, Henri Martin et autres historiographes éminents.

Comment donc se fait-il que cette grande date qui apporta la liberté au peuple Français, jusque là écrasé sous le joug tyrannique et arbitraire du régime féodal; comment se fait-il—disons-nous—que cette date, la plus belle de notre histoire nationale, soit moins connue ou plus mal connue que les guerres du Moyen-Age ?

Cette honteuse ignorance provient d'abord de ce qu'il n'existe plus de témoins de cet évènement mémorable.

En effet, ceux de nos aïeux qui eussent pu nous dire l'état misérable dans lequel ils vivaient avant 1789, sont morts depuis nombre d'années, et nos grands parents eux-mêmes n'ont plus qu'un souvenir vague et confus de ce qu'ils ont entendu raconter, il y a 60 où 70 ans, touchant ce grand acte d'émancipation.

Cette ignorance provient ensuite de ce que, dans nos écoles, on n'apprend aucunement aux enfants quels sont les sublimes et immortels principes de 1789, qui ont fait de nous des hommes libres et puissants; loin de là, l'enseignement de l'histoire de France, surtout dans les écoles congréganistes, ne semble avoir pour objet que de fausser l'intelligence de de la jeunesse et de lui faire détester la Révolution en ne lui parlant que des horreurs de 1793; de sorte que, dénaturés ou omis à dessein, les faits qui donnèrent naissance à l'ère de la Liberté, sont pour les enfants des campagnes surtout, une sorte de légende sinistre et néfaste.

Cette façon coupable d'enseigner l'histoire demande une prompte réforme, et c'est afin d'en atténuer les déplorables effets que nous allons apprendre à nos compatriotes, par des documents authentiques et locaux, quel était il y a 90 ans le triste état dans lequel vivait le peuple français.

Nous voulons apprendre, à la jeunesse

surtout, le prix des libertés nationales que nous a léguées la Révolution de 1789, qu'ils connaissent si mal; libertés obtenues après plusieurs siècles d'une servitude des plus dures et de misères les plus grandes.

Nous avons dit que tous les témoins de cette grande date de 1789 sont morts depuis longtemps ; mais il subsiste heureusement de nombreux témoignages irréfutables : Ce sont les " Cahiers " rédigés par le peuple (Tiers-Etat, comme on l'appelait), et remis par ses députés aux Etats-Généraux, convoqués pour faire cesser les abus du Régime féodal dont la mesure était comble.

« Ces Cahiers, qui avaient été préparés et discutés au sein des assemblées électorales, sont restés un des monuments les plus précieux de notre histoire moderne.

« C'est dans ces Cahiers que se manifeste dans toute son activité fiévreuse, dans la diversité de ses vues particulières, et aussi dans l'unité de ses aspirations générales, l'esprit, la soif de liberté de 1789, cet esprit moderne dont le souffle devint bientôt une tempête. Il demandait des réformes ; il fit une révolution.

« On ne peut se défendre d'un étonnement mêlé d'admiration et d'effroi, en voyant quelle masse prodigieuse d'idées et de projets est remuée dans ces Cahiers aujourd'hui trop oubliés.....

« Les Cahiers des paroisses de campagne soumis aux délibérations des électeurs, discutés par eux et arrêtés en commun, portent leurs signatures, la plupart bien grossières et bien incorrectes. Témoignages bien précieux et bien respectables pourtant ! Il ne faut rien exagérer : ces signatures ne s'offrent pas à nous avec ce caractère pour ainsi dire sacré que présente à tout bon Américain la fameuse Déclaration d'Indépendance du 20 mai 1775, dont le *fac simile* orne les chaumières aussi bien que les hôtels les plus splendides aux Etats-Unis. Mais elles sont le témoignage le plus authentique dans sa modestie, le plus sincère, le plus vivant, des besoins, des idées, des vœux, des préjugés même de nos paysans à cette grande époque de 1789. » (1)

---

(1) De la Sicotière. — Documents pour servir à l'histoire des élections aux Etats-Généraux de 1789, dans la Généralité d'Alençon. — 1866.

I.

Les Cahiers de l'arrondissement de Bernay qui nous font le mieux connaître la triste situation de la France en 1789, et les charges injustes qui écrasaient nos aïeux sont :

D'abord le Cahier des Communautés réunies de la ville de Bernay, puis celui particulier à chacune de ces communautés.

Le premier, un des plus remarquables de notre contrée, fut rédigé par le corps municipal de la ville, le 5 mars 1789.

En voici la copie textuelle tirée du Registre des Délibérations de la commune (folios 31 et suivants) :

Cahier de doléances, instructions et pouvoirs des habitans composant l'ordre du Tiers-État de la ville de Bernay, rédigé par leurs députés, conformément aux ordres de Sa Majesté contenus en ses lettres de convocation données à Versailles le 24 janvier dernier et au réglement y annexé.

Appelés par la justice du Roi a proposer, remontrer, aviser et consentir tout ce qui peut concerner les besoins de l'Etat, la réforme des abus, l'établissement d'un ordre fixe et durable, dans toutes les parties de l'administration, la prospérité générale du royaume et le bien de tous et de chacun des sujets de Sa Majesté, les habitants composant l'ordre du Tiers-Etat de la ville de Bernay, éprouvent pour premier sentiment, celui d'une vive reconnaissance envers le Roi, et le vœu le plus cher à leur cœur est que ce sentiment soit exprimé à Sa Majesté, qu'elle daigne penser que cette classe de sujets, qu'elle n'atteint que par son amour, répond par la plus grande sensibilité à son langage touchant, à ses vues bienfaisantes.

Délibérant sur les grands intérêts qui consacrent à jamais cette époque de la monarchie, ils traceront avec précision leurs principes, leurs vœux, et les pouvoirs qu'ils comprennent donner à leurs représentants.

Droits du trône, droits respestifs des trois Ordres qui composent la nation, lois protectrices des propriétés soyez inviolablement respectées !

Si l'ordre public, le mieux-être de l'administration générale exigent des sacrifices, que l'équité en mesure l'étendue, et y attache sans cesse des indemnités.

Mais le premier, le plus grand bien qui soit à faire à l'Etat, est d'ajouter à sa Constitution tout ce qui peut l'établir sur les règles immuables de la valeur, de la raison et de la justice.

Par la nature, les hommes sont égaux, elle a pourvu à leur bonheur avec une égale bienveillance.

Par la raison : en se réunissant, en formant de grandes sociétés, ils ont établi des distinctions personnelles, des ordres différents parmi les membres de ces sociétés, des lois conservatrices de l'intérêt de tous.

Par la justice : ces engagemens doivent être fidèlement maintenus, mais chacun dans l'ordre où la Providence l'a fait naître, doit-être admis à participer aux avantages de la société, en proportion de ce qu'il l'a sert, et n'en doit supporter les charges que dans une proportion également juste : les droits de chacun sur ce point sont imprescriptibles ; en vain il se serait établi des usages contraires, pour démontrer combien il seraient peu fondés, il suffirait de cette maxime gravée en naissant dans tout cœur pur : « Ne fais pas à autrui ce que tu ne voudrais pas qui te fût fait. »

Guidée par ces principes que l'Assemblée charge ses représentants de dévopper, de faire valloir par tous les moyens que doivent leur donner leur zèle, leurs lumières, et la conviction de la vérité, elle forme les vœux suivans et les divise par mattières pour plus grande clarté.

CONSTITUTION DU ROYAUME

Il faut ouvrir les yeux à la vérité qui éclaire de toutes parts, elle fait sentir combien l'Etat a besoin d'un réglement qui assure la Constitution.

L'Assemblée demande que ce soit le premier sujet des délibérations des Etats-Généraux, qu'il ne leur en soit présenté aucun autre qu'après que celui-là aura été délibéré, accordé et sanctionné et sur cette mattière ses vœux sont : -

— Que la représentation du Tiers-Etat aux Etats-Généraux, telle qu'elle est déterminée par Sa Majesté, soit consentie par les ordres du clergé et de la noblesse ; que ces deux ordres ratifient, accordent l'abolition des *privilèges pécuniaires* et de tous *impôts distinctifs* d'ordres ; que les représentans du Tiers-Etats soient pris seulement dans cet ordre ; que le retour périodique des Etats-Généraux soit assuré, ses époques déterminées, spécialement celle de la tenüe des Etats qui devront succéder à ceux de cette année. Que la liberté de délibérer séparément ou en commun soit conservée à chacun des ordres, ainsi que leur indépendance.

— Que du sein des États-Généraux, il sorte des États particuliers dont l'établissement soit concilié autant qu'il sera possible avec celui des anciens États de province, qui ont le droit d'en avoir: que les États de Normandie soient remis en activité, que les changements à faire à leur constitution soient provoqués par la province et sanctionnés par la nation.

— Que les États-Généraux décident, s'ils ont besoin pendant l'intervalle de leur tenuë, d'une commission intermédiaire, et si cela est, qu'ils la créent, en règlent la composition, ou les États de chaque province leur en servent, autant que la nécessité de l'ensemble dans l'administration, n'y fera pas obstacle.

— Qu'il soit statué qu'à chaque tenuë des États-Généraux, ils régleront toute mattière concernant la législation, l'administration générale du royaume, la nature, la quotité et la perception des subsides, qu'à l'avenir aucune loi, aucun emprunt, aucune levée de denier, ne puisse avoir lieu que par le concours de l'autorité du Roi et du vœu ou du consentement libre de la nation, que rien jamais ne puisse suppléer ce consentement.

— Que la liberté individuelle des citoyens soit reconnuë et mise à l'abri des atteintes que lui porte l'usage arbitraire des *Lettres de Cachet*.

— Que pour conserver aux deux premiers ordres les distinctions qui leur sont propres, chacun soit rapellé aux *titres et qualification* auxquels il a droit, que les abus introduits sur cet objet soient réformés.

LÉGISLATION ET TRIBUNAUX

La législation, l'autorité, la formation l'ordre et la compétence des tribunaux, offrent à la nation de vrais sujets de doléances et de représentations.

Que de vérités ont été mises à la portée de tout le monde depuis quelques années sur ce que le code criminel laisse à désirer !

L'administration de la justice est lente et coûteuse.

La vénalité des offices qui devraient être le prix de l'estime publique, la récompense des vertus et des talens par lesquels on l'obtient, excite de toutes parts une réclamation fondée :

On se plaint de la multiplicité des tribunaux, de celles des offices, et cependant de l'éloignement trop fréquent du justiciable de ses juges.

Sur cette mattière nous demandons :

— Que le pouvoir judiciaire soit maintenu dans toute l'étenüe de l'autorité qui le concerne, qu'aucune évocation illégale, aucun établissement de commissions extraordinaires, aucun acte du pouvoir absolu, ne puisse surprendre ny détourner le cours de la justice réglée.

— Que les bornes de ce qui est soumis à l'administration et de ce qui est du ressort de la jurisprudence soient solidement posées.

— Qu'il soit pourvu à la réforme des abus introduits dans l'administration de la justice, tant civile que criminelle, que si un nouvel ordre rend nécessaire la suppression de tous les officiers, ou de partie de ceux existans et la formation de nouveaux arrondissemens, tous intéressés, soient équitablement indemnisés et remboursés.

— La ville de Bernay et son canton ont un intérêt particulier que l'Assemblée croit devoir faire connoitre, mesme en cette circonstance toute d'intérest général.

Bernay est le chef-lieu d'une ancienne vi-

comté et d'un siége de *baillage*, démembré il y a plus de 150 ans de la vicomté et du baillage d'Orbec, créés avec une juridiction parfaitement égale à celle du baillage dont il ont été divisés.

Quelques officiers du baillage d'Orbec résidans tant à Orbec qu'aux environs, ont le droit de concourir à l'administration de la justice au siége de Bernay ; ceux créés pour ce siége résidens à Bernay on le mesme droit au siége d'Orbec, Bernay et Orbec sont à trois lieues de distance l'une de l'autre.

De ces droits qui n'existent que pour l'intérest des titulaires de ces offices, il résulte une administration de justice ambulante dont les deux siéges offrent un exemple rare dans le royaume, on conçoit qu'une pareille administration est susceptible d'inconvéniens et d'abus.

Bernay par sa population, son commerce, ses manufactures, ses marchés et ses foires, est à six lieues à la ronde la ville la plus considérable, excepté Lisieux, Orbec est une petite ville non comprise dans l'état annexé au réglement du 24 janvier dernier, de celles qui doivent envoyer plus de quatre députés aux Assemblées de baillages.

Bernay est le chef-lieu d'une *élection*, d'un *grenier à sel*, d'une *Assemblé de département*, d'une *direction des aydes*, d'un *entrepost de tabac*, d'un *canton* enfin, qui paye à l'Etat en taille, capitation, accessoires, rachat de corvées et vingtièmes, plus de 600,000 liv. par an.

Orbec est dans le ressort de l'élection de Lisieux et dépend du grenier à sel de Bernay.

L'emplacement du baillage d'Orbec à Orbec est un ancien effet du régime féodal.

La ville de Bernay et son canton ont le plus grand intérest à ce que l'administration de

justice ambulante existante au siége d'Orbec et
de Bernay, soit réformée et qu'il soit établi à
Bernay un baillage entièrement séparé de celui
d'Orbec.

L'Assemblée en forme le vœu.

IMPOTS, BESOINS et DETTES de L'ÉTAT

L'Assemblée a une confiance respectueuse et
illimitée dans les desseins paternels du Roi,
dans les vües respectueuses, franches et patrio-
tiques du ministre des finances de Sa Majesté.

Loin d'elle tous souvenirs des temps ou on a
pu user de déguisement envers les réprésen-
tants de la nation.

Le plus grand jour sera répandu sur l'état
des finances du royaume, leur plaie pourra
être scrupuleusement sondée; c'est le premier
moyen d'en assurer la guérison.

Cette plaie considérable sera sans doute un
obstacle à toutes réformes qui ne peuvent être
faites sans remboursements; comment contrac-
ter de nouveaux engagemens quand les anciens
sont immenses? C'est aux Etats-Généraux à
concilier par leur sagesse, cette difficulté, et
les besoins que la nation a de la réforme d'un
grand nombre d'abus.

Mais en faisant les sacrifices nécessaires à
maintenir la dignité du trône, la considération dont la nation jouit parmi celles de l'Eu-
rope, et la foi publique, l'Assemblée pense
qu'il doit être pris toutes mesures convenables
pour les adoucir et en écarter à toujours la
nécessité.

L'Assemblée s'en rapporte sur ces mesures
aux représentants de la nation.

Ses vœux sur ces objets intéressants sont :
— Que la dette de l'Etat soit scrupuleusement
vérifiée, que celle légitime soit reconnue et ga-

rantie par la nation, qu'il soit pourvu à la liquidation.

— Que des sentimens d'amour et de reconnaissance pour le Roi, de patriotisme et d'honneur portent à régler la dépense de la Cour, celles des différens départemens, et les frais de remboursement jugés nécessaires, mais que ces dépenses soient déterminées à des sommes fixes, et que ces sommes soient versées par la nation elle-même, tant au trésor royal que partout où il pourra appartenir.

— Que tous *impôts* actuels qui ont été créés pour être supportés par un seul Ordre de sujets du Roi et des membres de la nation soient annullés et révoqués.

— Que les *gabelles*, le *tabac* et les *aydes* soient également annullés et révoqués comme désastreux, sous quelques rapports qu'ils soient considérés.

— Que tous les droits perçus par l'administration *des Domaines* soient expliqués, qu'il soit fait un réglement clair mis à la portée de tout le monde.

— Que toutes charges de finances créées pour la *perception* de l'impost soient supprimées, que les propriétaires de finances de ces charges soient sûrement et équitablement remboursés, qu'à l'avenir l'impost soit perçu et versé partout où il sera ordonné par les seuls agents de la nation.

— Que tout ancien impost qui sera conservé et tout nouveau qui sera accordé par les Etats-Généraux et limité à temps, que la loi de son établissement porte, *qu'il n'est octroyé qu'à temps et pour la durée seulement de l'intervalle à courir jusqu'au retour des Etats, dont l'époque sera fixée, après laquelle ils cesseront tous de plein droit, si les Etats-Généraux n'étaient pas assemblés pour les renouveller.*

— Qu'il soit pourvû aux besoins que ferait naître une guerre qui surviendrait pendant l'intervalle de la tenüe des Etats.

— Que les impôts à conserver ou à concéder de nouveau soient sagement combinés à l'effet que l'agriculture et le commerce en supportent ce qu'ils en doivent chacun supporter.

CLERGÉ. — DESTINATION DE SES REVENUS

Lorsque le Roi appelle ses sujets à rechercher les abus, le respect dont ils sont pénétrés pour la religion et ses ministres, ne fait-il pas naturellement songer à ceux qui peuvent s'être introduits dans le clergé et dans la disposition de ses revenus.

L'Assemblée ne peut se rappeler, sans un grand intérest, les principes que présente à ce sujet, aux États-Généraux de 1560, l'immortel l'Hopital; elle ne peut oublier que sous le reigne de Charles sept en 1438, il a été tenu à Bourges, une Assemblée de prélats et de personnes qualifiées et éclairées, qui fit un réglement qui déplut à la cour de Rome, mais conforme à la discipline ecclésiastique, aux canons et au concile de Bâle.

Ce réglement rétablissoit les élections des archévêchés, évêchés, abbayes et prieurés; aussy les vertus, les lumières, le zèle apostolique, les services dans l'église étaient les premiers titres aux dignités ecclésiastiques; si les élections pour les magistrats dont les fonctions ne concernent que le temporel, sont justement désirées, comment ne doivent-elles pas l'estre pour les dignités ecclésiastiques dont ceux qui en sont revêtus ont la plus grande influence sur le spirituel?

Ce réglement avoit aboli les *annates* et les

déports. Le Concordat entre François premier et Léon dix, a abrogé cette loi.

La magistrature en a gémi;

Les propriétés ecclésiastiques doivent sans doute estre respectées, mais leurs revenus ont une destination primitive, une partie en appartient au soulagement des pauvres, la nation n'a-t-elle pas le droit de déterminer cette partie en y mettant les plus justes bornes ?

L'Assemblée, d'après ces considérations forme le vœu :

— Que les effets du Concordat et la destination primitive des revenus du clergé soient examinés aux États-Généraux, qu'il y soit décidé si les droits *d'annates* et de *déports* doivent subsister toujours.

— Que toutes paroisses où le clergé a des propriétés foncières ou des *dîmes*, une portion en soit consacrée au soulagement des pauvres, toutes cures dont le produit n'excède pas 3,000 l. exceptées.

— Qu'il soit établi dans chaque paroisse des bureaux de charité, que les fonds dont ces bureaux auront la disposition proviennent de cette portion déterminée des revenus ecclésiastiques et que ces moyens facilitent un règlement désiré dans le royaume, sur la mendicité.

— Que tout décimateur n'ait la liberté de disposer différemment que pour son usage particulier, des pailles provenant de ses dîmes, d'en priver les paroisses sur lesquelles elles auront été perçues, qu'après qu'il aura mis ces paroisses à portée de les avoir de préférence, qu'il soit à cet effet tenu d'en annoncer la vente, et ne puisse les vendre à d'autres qu'aux habitans ou propriétaires de ces paroisses, qu'après que ceux-ci, par leur silence ou autrement, auront marqué ne pas vouloir les acheter.

AGRICULTURE ET COMMERCE

L'agriculture et le commerce étant les res-
sources principales de l'État doivent être favorisés ; cependant, privilèges, impôts, charges
publiques, milice, mendicité, tout pèse sur eux.

Les défrichements, les plantations, la décou-
verte, l'exploitation des mines de charbon de
terre, l'amélioration des laines provenant des
troupeaux sont des objets qu'il est important
d'encourager.

Il ne l'est pas moins de débarasser le commerce de ses différentes gênes.

Les droits multipliés perçus sur les fabriques,
les règlemens, les maîtrises, plus encor les arrêts de surséance et les sauf-conduits, affligent
le commerce.

L'ordonnance de 1669 prescrit des formes
salutaires aux créanciers pour parvenir à ob-
tenir des lettres de répit, l'obtention des arrêts
de surséance n'en a pour ainsy dire aucunes,
la concession en est presque arbitraire ; que
de débiteurs ont surpris la religion des ministres !

On peut dire en général que les arrêts de
surséance et les sauf-conduits, font des failli-
tes, des affaires de calcul.

L'agriculture et le commerce profiteront des
réformes désirées.

L'assemblée forme encore pour les avantager
les vœux particuliers :

Que les terrains inutiles non nécessaires au
pâturage dans les lieux de leur situation, appartenant au domaine du Roi ou aux Mains-
mortes, puissent être alliennés, que leurs allien-
nations soient dégagées de toutes les entraves
du fisc.

Que les Milices tirées au sort soient abolies
et qu'il y soit substitué un moyen de donner
des hommes à l'État, moins contraire à leur liberté naturelle.

Que les droits établis sur les fabriques, que
les règlemens, les maîtrises soient supprimés

sauf les statuts que chaque fabrique ou corporation pourroit solliciter.

Que l'usage des arrêts de surséance et de sauf-conduit soit anéanti ou au moins restraint.

L'assemblée donne tous pouvoirs à ses représentans conformés à ce qu'elle vient de délibérer ; elle les autorise à faire tout ce qu'en leur âme et conscience ils croiront propre à assurer la prospérité du Royaume, le bien de tous et de chacun des sujets de sa Majesté ; et charge ses députés au Baillage d'Evreux de voter pour que, conformément à la liberté qui en est accordée, par l'article 43 du réglement, chaque ordre rédige ses cahiers et nomme ses députés séparément.

Arrêté double et signé en l'hôtel-de-ville le dit jour et an devant dit, par Messieurs les députés des corps et corporations composant l'ordre du Tiers Etat de la ville, pour un des doubles rester déposé au greffe de l'hôtel-de-ville et le duplicata estre remis, ainsi qu'un mémoire sur la Banalité et les droits de Colombier que l'assemblée a prié M. Lindet présent de rédiger et qui sera par lui signé (1), et un autre par M. Leconte, premier échevin, sur les droits de contrôle, à MM. les députés de la ville, qui, en exécution des ordres du roi, le porteront à l'assemblée du baillage lundi prochain, neuf de ce mois, signé aussy par Messieurs les officiers municipaux et par eux cotté par première et dernière pages et parafé *ne varietur* au bas de chacune.

Le cahier de la **Jurisdiction**, *celui des*

---

(1) Le mémoire de Robert-Thomas Lindet sur la Banalité et les droits de Colombier, existe aux archives départementales (*cahiers du baillage d'Orbec-Bernay.*) Le 29 janvier 1790, la municipalité paya à Mistral, imprimeur à Lisieux, la somme de 36 livres, pour l'impression de l'*Adresse du Comité sur les Banalités.*

Chevaliers de St-Louis, commerçants et habitants ne faisant partie d'aucune corporation, *celui des* **Avocats** *font défaut.*

Arts libéraux: *médecins, chirurgiens, chimistes et peintres.*

Le corps de médecine, assemblé le 3 mars 1789....., a arrêté que pour répondre, autant qu'il est en son pouvoir aux ordres de Sa Majesté, on luireprésenteroit:

I. Qu'il serait extrêmement avantageux que les Etats généraux fussent authorisés à régler le retour périodique de leurs Assemblées, et qu'en conséquence le roi serait instamment supplié de permettre ou plutôt d'ordonner:

II. Que l'octroi des impôts ne se fasse que pour l'intervalle d'une assemblée à l'autre; et que le délai ou tems de l'octroi expiré toute perception cesse, s'il n'y a nouvel octroi de la part des Etats généraux.

III: Que les députés et membres des Etats généraux prennent une exacte connaissance de toutes les dépenses des départements, de toutes les dettes contractées par les administrateurs, des contributions des provinces, de toutes les branches des revenus de l'Etat, de toutes les impositions des frais de régie et de perception, du produit de chaque impôt.

IV. Que les Etats de la province soient autorisés de s'assembler immédiatement après la tenue des Etats généraux; que ces Etats provinciaux puissent se rassembler de deux ans en deux ans et indiquer, dans la première assemblée, l'époque et le lieu de l'assemblée suivante,

V. Que la composition des Etats de la province soit toujours telle que, dans le nombre des députés, il y ait un quart de l'ordre ecclésiastique, un quart de l'ordre de la noblesse et moitié du tiers-état. Il est intéressant que chaque ordre ait toujours la faculté de s'assembler séparément, en apportant les délibérations de chaque ordre à l'assemblée générale,

VI. Que l'arbitraire soit entièrement supprimé dans la répartition des impôts ou de l'impôt en supposant la possibilité de n'en établir qu'un, ou plutôt encor : Que tous les impôts, dans le cas contraire soient simplifiés et réduits à une seule dénomination et sur un seul rôle, sans aucune exemption soit personnelle, soit réelle.

VIII. Que l'état de répartittion sera dressé par les Etats, sur les districts de la province, et l'état de répartition des districts, sur chaque ville ou paroisse soient publiés.

IX. Que le compte de la dépense des Etats... (*texte déchiré*,

X. Que l'on abolisse la levée des milices .... les campagnes, occasionnant la perte du .... aux particuliers et à l'Etat. On connaît des..... suppléer à ces inconvénients, ils ont été proposés....

XI. Que l'on épargne aux troupes la fatigue et à l'Etat la dépense des marches inutiles.

XII. Que l'on supprime toute espèce de banalité comme onéreuse, et nuisible à l'économie. Celle des moulins nuit à la perfection de la mouture, et devient un impôt accablant et désastreux surtout dans les tems de cherté.

XIII. Que l'on réduise les colombiers ; qu'il ne soit permis d'en avoir qu'à ceux des seigneurs qui auront environ 150 arpens de terre de labour, dans la paroisse ou les environs de la situation des colombiers, ou qu'au moins, il soit expressément défendu de les tenir ouverts, dans le tems des semailles et des récoltes.

XIV. Qu'il sera enjoint aux Etats de la province de veiller à l'entretien et réparation des chemins de chaque paroisse et à leur redressement afin de nécessiter moins la confection de tant de routes nouvelles ; qu'au reste, celles qui sont commencées soient achevées le plustôt que faire se pourra.

XV. Que les impôts qu'on lèvera pour cet objet soient également et proportionnellement répartis, sans aucune exemption, ni distinction de personnes et de biens.

XVI. Que l'on réforme le Code civil et le Code criminel.

XVII. Que les Etats de la province s'occuperont de l'état des prisons et des moyens de rendre le sort des prisonniers moins dur et moins humiliant. Il paraîtrait bien juste de réparer, autant que faire se pourrait, le tort fait, tant à l'honneur qu'à la fortune de ceux qui auraient été détenues injustement (1)

XVIII. Que l'on abolisse à jamais la vénalité des charges qui ne doivent être données qu'au mérite. Que ceux qui en possèdent et qui ne seraient pas dignes de les occuper en soient exclus, sauf à les rembourser sur le pied de la création et ce dans un certain nombre d'années.

XIX. Que les tribunaux soient moins multipliés, et que les compagnies soient plus nombreuses. Que les baillages auxquels devraient être réunies toutes les petites juridictions, connaissent de toutes les affaires; mais que les juges ne puissent rendre aucune sentence qu'ils ne soient au nombre de sept au moins, dont trois titulaires, et 4 qui seront pris du collége des avocats suivant l'ordre du tableau.

XX. Sa Majesté dont le vœu est de faire le bien de tous et de chacun de ses sujets, ne pourra trouver mauvais que nous nous occupions de la situation particulière de la ville de

----

(1) Parmi ces victimes des détentions arbitraires, il convient de citer Le Prevôt (de Beaumont), emprisonné pendant 22 ans et 2 mois, pour avoir dénoncé le *Pacte de Famine*. Ce courageux citoyen, délivré par la Révolution, est décédé à Bernay en 1823. Sa longue captivité fait l'objet d'un remarquable ouvrage publié en 1883, par un de nos savants compatriotes Mr E. Le Mercier, avocat à Louviers.

Bernay, et nous croyons qu'il pourrá être respectueusement demandé :

Que l'abbaye des bénédictins soit érigée en collége de plein exercice pour les sciences et les arts utiles.

Que le collége actuel soit occupé par des frères des écoles chratiennes pour l'instruction de la jeunesse et que l'on assigne à cet établissement une pension perpétuelle de 100 livres dont les [12,000 liv.] faisant le total beaucoup trop modique de la fondation dudit collége actuel, feront partie, et le reste sera pris à perpétuité sur les bénéfices simples de la ville et des environs.

Que soient rendues à leur primitive institution les relligieuses cordellières qui en conservent à peine quelques traces dans 4 lits occupés par des invalides. Que leur maison, avec les biens et revenus y attachés, soit convertie en un 2e hôpital où soient reçus les vénériens et les femmes enceintes qui ne peuvent être reçus dans l'autre hôpital ; et que cet azile utile soit ouvert aux personnes de la ville et des campagnes voisines.

Que l'on réforme dans l'admission des chirurgiens de la campagne un abus funeste à l'humanité : il paraît raisonnable d'exiger les mêmes connaissances et les mêmes preuves de capacité dans ces chirurgiens que dans ceux de la ville, puisque leurs fonctions sont les mêmes et qu'ils exercent la médecine, la chirurgie et la pharmacie indépendamment de tous règlemens.

Que l'on ne reçoive et que l'on n'authorise, sous quelque prétexte que ce soit, aucun empirique ou charlatan.

Que l'on deffende à tous épiciers et autres personnes sans connaissance et sans qualité, le commerce des médicaments composés ou dangereux par leur nature ; et que l'exercice de la médecine, de la chirurgie et de la pharmacie, soit deffendu sous des peines rigoureuses à toutes personnes quélles quelles soient, qui singèrent au mépris des loix, de la relligion et de l'humanite, a professer tous ou chacun de ces états délicats qui exige l'étude la plus suivie, l'application la plus sérieuse et les connaissances les plus étendues.

Que les magistrats veillent d'office à des soins si importants, sans attendre ny dénonciation, ny plainte, ny partie civile.

Qu'enfin l'on fasse fermer les cafés, les billards, les clubs de toute espesse qui sont la source la plus féconde des désordres de la ville. C'est l'azile de l'oisiveté, du jeu et du libertinage, la ruine des jeunes gens, la dissolution des familles, etc. Avertissons depuis longtems de supprimer ces établissemens en cette ville.

Le cahier des **Notaires, procureurs** *et* **greffiers,** *celui des* **Marchands en gros de Toiles, Frocs et Laines** *font défaut.*

Vivans de leur bien.

A l'assemblée des vivans de leur bien, tenue le deux de ce mois, il a été manifesté par tous les membres qui la composoient le plus empressant désir d'obéir aux ordres de Sa Majesté touchant la tenue des Etats Généraux, de concourir à tout ce qui peut lui être agréable pour le bien, l'avantage et la tranquilité de l'Etat, en faisant dans ce moment des sacrifices au delà même de leurs facultées, sous l'espoir d'être favorisés dans un terme prochain de quelque soulagement dans les impôts dont ils sont surchargés, souvent par un abus qu'il est bien important d'enlever au pouvoir arbitraire, en l'assujetissant au juste devoir d'imposer chacun au vray taux où il doit être, suivant ses biens ou revenus.

Observant : 1° Qu'il seroit avantageux pour toute la nation qu'il n'y eût qu'un seul et même

impôt fixé sur chaque inaividu suivant les facultées dont il jouïroit, tant par son revenu que
par son industrie.

2° Que cet impôt soit receuilli dans chaque
corporation par un préposé ou collecteur nommé à cet effet et les deniers par lui versés, de
quartier en quartier, dans les mains d'un receveur établi dans chaque ville, à la caution et
garantie des habitans d'icelle, auquel Sa Majesté fixeroit des appointemens proportionnels
au travail de sa régie, et chez lequel elle feroit
prendre tous les 3 ou 6 mois, à sa volonté, la
masse des d niers de sa recette.

3° Comm' aussy de supprimer tous les emploiés des fermes, tant ceux des aides, cuirs
que des gabelles, qui sont en nombre très-considérable, comme gens contraires aux intérêts
de toute la nation et qui par les appointemens
qu'ils touchent annuellement, agravent infinniment les revenus de l'Etat.

4° Enfin, qu'il plût à Sa Majesté de rendre
libre toutes les branches de commerce, sous
les conditions de l'impôt qui seroit fixé sur les
produits de ceux qui tiendroient une ou plusieurs parties dud. commerce.

Par ces moïens, les revenus du royaume seroient susceptibles d'une angmentation très
considérable, l'Etat deviendroit florissant, les
sujets alors zeslés pour leur Prince, feroient
les plus généreux efforts pour concourir à l'acquit des dettes de l'Etat, ils cesseroient d'être
la proye d'une foule de persécuteurs qui les opprime sans cesse en les réduisant souvent à
l'indigance ou au joug le plus dur, chacun retrouveroit dans les fruits de son pénible travail
l'honnête subsistance dans laquelle il fait consister son principal bonheur et notamment
dans un âge où les forces mourantes ont le plus
grand besoin d'être soutenues; c'est au moins
la faveur qu'ils auroient d'attendre de la bonté
et de l'humanité de leur Roy, qu'ils chérissent;
encore celle, que bientôt les calamités qui les

affligent de toutes parts, cesseront ; que la
cherté de toutes les denrées et particulièrement
celle du Blé, qui est la manne la plus importante à la subsistance nationnale, occasionnée par
des amagasinemens considérables qui se font
dans différentes parties du royaume, et donnent
lieu à des révoltes perpétuelles, sera un motif
assés puissant pour déterminer Sa Majesté à
fixer au plustôt cette denrée à un prix raisonnable pour ne pas d'un côté constituer le fer-
mier en perte, et de l'autre laisser à la faculté
possible le moyen d'en achetter ; sans quoi, ceux
dont la fortune aisée à certain dégré, sufiroit à
peine pour se procurer à l'avenir et à leur fa-
mille ce que les besoins les plus pressants exigent pour subsister, et éprouveroient enfin le
sort du plus malheureux qui gémit sous le
poids de sa misère, comme lui seroient dignes
de la plus grande commisération.

Il seroit donc urgent que Sa Majesté emplo-
iasse les plus promts expédiens pour alléger le
sort malheureux de la majeure partie de ses
sujets, dont la plupart sans travail et sans res-
source, forme des caballes de brigands qui dé-
solent le Royaume, en sacrifiant au désespoir
forcé de malheureuses victimes regrettées par
les mères et les enfants restant sans secours et
sans appui.

C'est de cette source meurtrière d'où découl-
lent aujourd'huy tous les désastres affligeants
qu'éprouve la nation françoise, mais auxquels
veuille Sa Majesté aporter le plus promt remède pour en arrêter les progrès ; tous ses sujets
fidelles touchés de la plus vive reconnoissance,
ne cessesont de luy rendre des actions de grâces.

Ainsi clos et arrêté..., le dit jour 2 mars 1789.

Cahier de la corporation des Huissiers, Sergents, Arpenteurs, Organistes *et* Maîtres d'écoles.

Les députés du Tiers-Etat doivent demander à l'ouverture des Etats-Généraux qu'avant tout soit que les trois ordres délibèrent divisément, soit qu'ils délibèrent en commun, les opinions soient prises par teste et non par ordre, à moins que les deux premiers ordres ne consentent l'extinction à perpétuité de tous les priviléges pécuniaires en matière d'impôt ; s'il en étoit autrement, les bontès que le Souverain a manifestés envers ses sujets ne pourroient avoir d'exécution ; en effet, si on admettoit qu'à la tenue des Etats on délibérât par ordre, le Tiers-Etat auroit de justes sujets de crainte que les deux premiers ordres mits des gesnes à la juste répartition des impôts entre tous les sujets du roy sans distinction, et que l'impôt ne pesât toujours sur le Tiers, qui en est accablé depuis longtemps.

Nous ne pensons pas qu'il faille le consentement des trois ordres, ny pour la juste répartition de l'impôt, ny pour la création de nouveaux ou continuation de ceux existants ; ce seroit un obstacle invincible à la liquidation des dettes de l'Etat, que tout sujet doit se faire gloire, pour l'honneur de la nation, de liquider, puisqu'un seul ordre pourroit empescher cette harmonie si désirable pour la prospérité de l'Etat.

Nous ne croyons pas qu'on puisse prendre en considération que les députés du haut-tiers, aspirant à la cléricature ou à la noblesse, soit pour eux, soit pour leurs descendants, se rangent du côté des deux premiers ordres ; il faut d'ailleurs rendre la justice qui est due à la pureté des mœurs et au désintéressement de la majeure partie de ces deux ordres, qui ont déjà manifesté l'intention de renoncer à leur privilége pour la prospérité de l'Etat et le bonheur des sujets ; il ne faut pas non plus se faire une idée effrayante qu'une seule voix peut lier l'Etat, en opinant par teste, ce deffaut, s'il en est un, se trouve souvent dans le jugement des hommes et dans les affaires de la plus grande importance.

D'après cette décision importante, nous pensons que les députés assemblés à Evreux doivent s'occuper :

1° A ce que les représentants du Tiers-Etat ne soient pris que dans son ordre.

2° Que Sa Majesté soit très humblement et très respectueusement suppliée de remettre en activité les Etats particuliers de la province et qu'il ne soit rien changé aux fonctions qui leur ont été attribuées par leur établissement.

3° Que les droits de banalité soient supprimées ; en effet quel abus ne résulte-t-il pas de ce singulier droit qui ne doit son existence qu'à l'entreprise des seigneurs féodaux et à l'ignorance des tems reculés, tems odieux où les vassaux étoient serfs ; pourquoy leur laisser cette servitude qui les force, soit à faire punir le coupable, soit à estre privée d'une partie de leur subsistance par les infidélités trop multipliés d'un meunier et d'un boullanger ; cette servitude parut de tous tems si odieuse que dès l'onziesme siècle, Fulbert, évêque de Chartres, s'en plaignit aigrement à Richard, duc de Normandie.

4° Qu'il soit pris des mesures efficaces pour arrêter les progrès de la mendicité par un règlement général ; qu'une partie des grosses dîmes vertissent au soulagement des pauvres de chaque paroisse où elles sont perçuës.

5° Qu'il soit fait une réforme dans la régie des aydes, sur leur perception ; que les droits qui se perçoivent soient simplifiés, que leur multiplicité soit supprimée, et vu les besoins urgens de l'Etat, qu'ils soient réunis sous une seul qualification d'entrée ou de quatrième, le redevable ne croira plus alors être trompé, l'habitant de ville sera certain de ce que l'entrée de ses boissons lui coûtera par pot, le cabaretier sera sûr de ce qu'il doit pour son quatrième ; il n'aura pas la teste surchargée de la diversité des droits, dont le nombre s'est accru à l'infiny.

6° Qu'il soit apporté un remède à la vexation des employés du sel, du tabac, des aydes, qui, sous le prétexte de découvrir la fraude, viole l'asile du malheureux en le tourmentant et le poursuivant jusque dans son foyer, le commis de la gabelle renverse les meubles du malheureux pour trouver chez luy un prétexte de fraude, s'il y trouve une poignée de morue, un hareng, il en renverse les sels; s'il trouve ce sel, ou un peu d'eau salée il rédige un procès-verbal (1) et le sujet est exposé à une amende, à estre ruiné. Nous rappellons icy avec horreur ces recherches indécentes faittes de nos jours sur le tabac, des vagabonds, gens sans aveu, soudoyés par des commis d'une âme basse, introduire des tabacs chés les plus honnettes gens où à la plus grande surprise, il en a été trouvé; il est vray qu'il est peu de ces intriguants malhonnette employés dans les fermes, mais qu'elle terreur ne porte pas dans l'esprit innocent, un de ces coupables.

7° Que les réglèmens sur le controlle des actes soient affermis, qu'il y ait une perception juste et équitable, que l'abus qui s'est introduit dans tous les bureanx de perception ne soit plus arbitraire, que le tarif de 1722 soit réformé, et que le justiciable ne soit plus exposé à perdre sa dette par l'effroy du controlle d'un acte compliqué, ce qui devient plus cher que la créance mesme, par l'avidité des traitants; que les recherches d'un ambulant, toujours industrieux, avide de procès-verbaux, soient proscrittes.

Combien de familles ne sont pas exposées, non pas par cette formalité, mais par l'abus de la perception, les contrats de mariage qui sont les actes les plus solemnels des familles se sont presque tous sous-seing, par la crainte du controlle, ces actes se trouvent perdus, égarés, ensevelis dans la poussière, quel préjudice la per-

---

(1) Il était de même interdit aux populations du littoral d'employer l'eau de mer pour saler tant soit peu leurs aliments. Le sel valait alors treize sols la livre. (*Note de l'éditeur.*)

te d'un pareil acte ne cause pas dans la société.

Un malheureux artisan qui n'a pas plus de cent livres à espérer du mariage de sa femme, mais sa légitime n'est pas arbitrée, la future porte en dot ce qui peut luy appartenir de la succession de ses père et mère, elle en donne le tiers en don mobilier au futur, la malheureuse femme le perd chargée de 5 à 6 enfants, veut-elle faire controller son contrat de mariage, on lui demande plus que sa dot ; est-il rien dans la société de plus révoltant que ce droit.

Il est un autre abus aussy reprehensible ; un acte est revêtu de la formalité du controlle, il est produit en justice, condamnation intervient contre le débiteur, la sentence est exécutée, on paye principal et frais, l'acte est remis lacéré, anéanty un ambulant, (car ces messieurs sont les fléaux de l'humanité) vérifie, examine le registre de perception, selon luy le controlleur n'a pas exigé les droits dus, il le force en recette, le controlleur à son tour, vexe, tourmente, le créancier pour luy payer le droit non perçu, ce créancier est obligé de le payer sans répétition, il a remis son acte acquitté.

Cette partie des domaines fourmille d'abus de perception, on ne finirot pas sy on entreprenoit de les détailler. Non seulement un règlement est très désirable pour la nation, mais elle doit demander, solliciter, presser avec instances que cette partie des revenus de Sa Majesté soient mis en régie pour son compte.

8° Que le commerce national reçoive un accroissement général, qu'il luy soit accordé des encouragements, que les maitrises qui gesnent la circulation soient suprimés, anéantis, sauf à établir une police dans chaque corps ou communauté fabriquants, pour empescher les abus qui pouroient s'introduire à la fabrication.

9° Que les justiciables des paroisses mixtes ne soient plus exposés aux folles citations qui leur font perdre leur tems et leur occasionne des frais de déplacement assés couteux; nous avons dans le Bailliage, à une lieue de la ville,

des paroisses qui, par l'extension des fiefs, re-
lèvent de cinq jurisdictions et qui se trouvent
forcés d'aller demander justice à 4 et 5 lieuës
de leur domicille. Ces justiciables sont mesme
très souvent exposés à ne pouvoir reclamer la
justice par le mélange de ces mesmes fiefs qu'on
ne peut aprofondir, et qui à ce moyen sont exposés ou à perdre leur créance ou à faire faire
une folle citation qui leur en fait perdre partie;
cet abus pouroit estre reformé, en donnant la
justice de toute la paroisse au Juge royal qui a
la connoissance des cas royaux sur le territoi-
toire d'icelle.

A ces demandes d'un intérest genéral, nous
pensons que messieurs les députés doivent
s'ocuper de l'accroissement du territoire du
bailllage de Bernay et de son entière sépara-
tion de celuy d'Orbec.

Fabricants de Toiles *et* Ouvriers.

Le communauté des marchands et fabricants
de toiles m'a chargé de représenter à l'Assemblée, que la fabrique de toiles qui avoit autre-
fois une réputation soutenuë est presqu'entièrement tombée, qu'il est important de la réta-
blir en remédiant aux deux causes bien con-
nuës qui ont occasionné l'état de dépérissement
dans lequel elle est.

La liberté accordée par la déclaration du Roi
du 28 juin 1780, à tous fabricants de fabriquer
suivant des combinaisons arbitraires, a dégéné-
ré en abus. On n'observe plus aucune règle
pour assortir les chaînes et les trames, ni pour
les largeurs. La mauvaise qualité, l'inégalité de
largeur a fait tomber sa fabrique dans le plus
grand discrédit. Tous les marchands et fabricants désirent que les toiles destinées pour le
commerce soient fabriquées d'après des combinaisons fixes et invariables qui en assureront
la vente et rendront à cette manufacture son
ancienne réputation.

La seconde cause qui a produit le découragement a été la rigueur avec laquelle on a écarté de la halle tous les fabricants qui n'étaient ni maîtres ni agrégés. Les uns ont porté leur toiles dans des villes voisines ; d'autres, en plus grand nombre en sont restés chargés sans pouvoir les vendre: Les simples tisserands ont éprouvé les mêmes difficultés: on a voulu les assujettir à se faire recevoir maître, ils ont éprouvé tous les maux à la fois : la rigueur de la saison, la cherté excessive des grains, la privation du travail et l'interdiction même de leur profession.

Le vœu de ma communauté est que tout fabricant et tisserand soit affranchi de toutes poursuites et du   de payer aucunes finances, attendu qu'on n'en avoit jamais exigé de pauvres ouvriers ; qu'il est d'ailleurs impossible d'en exiger et que tout ouvrier doit être autorisé de se procurer les moyens de subsistance par les travaux de sa profession, surtout les fabriques et manufactures de première nécessité.

Si l'Etat perd le produit très modique et très incertain de la finance des maîtrises, on peut y suppléer d'une manière très avantageuse en établissant la perception d'une somme modique sur chaque pièce de toile qui sera présentée et vendue à la halle. Cet impôt seroit plus certain et cent fois plus considérable que le produit des maîtrises dont on ignore la comptabilité.

Ma communauté demande, en outre, que l'on supprime les milices qui sont coûteuses et ruine le malheureux françois par les dépenses excessives qu'ils occasionnent, dont le détail seroit trop long à faire, et qu'on les mettent à prix d'argent.

Les soussignés espèrent que leurs plaintes seront portées jusqu'aux pieds du trône pour qu'ils soient soulagés du poids des maux et des misères qui les accablent.

Ma communauté espère à voir les Etats de la province assemblés après la tenue des Etats généraux, à les voir authorisés dé répartir sur toute la province la masse des impôts territoriaux nécessaires aux besoins de l'Etat, sous une seule dénomination, sans exception ni distinction de biens ni de personnes.

Fabricants de Frocs *et* Ouvriers.

Demande particulière de la communauté des fabriquants de frocs de la ville de Bernay.

Cette communauté désire : 1° Qu'on abolisse les droits perçus sur les maîtrises, et que touf particulier ayant fait son apprentissage et en état de subir les épreuves puisse être reçu maître conformément à leurs statuts et à la déclaration de 1783.

2° Qu'on réduise la marque de leurs frocs à trois deniers et à la fourniture du plomb ainsi qu'elle étoit anciennement, au lieu de quatre sols où elle est aujourd'hui portée par les lettres patentes du 4 juin 170X, et un arrêt du Conseil subséquent.

Cette demande doit être d'autant plus favorablement acceuillié que la marque des draps qui se vendent jusqu'à quatre et cinq cents livres et plus n'est assujettie qu'aux mêmes droits que les frocs de Bernay qui ne se vendent que de cinquante à soixante livres.

3° Se plaint de ce qu'on fait payer quatre deniers par toizon à l'entrée des laines que leurs membres achettent des laboureurs, tandis qu'ils paye les droits de coutume de leurs frocs et même des laines qu'ils achettent au marché.

Teinturiers, Chapeliers, Tondeurs, Apprêteurs de frocs *et* Bas-d'estamiers.

Arrêté de l'Assemblée des maîtres teinturiers, etc.

1° Demandent que dans toutes les propositions et questions qui seront agitées à la tenue des Etats généraux, les suffrages soient reçus par tête et non par ordre.

2° Que le clergé et la noblesse conjointement avec le tiers-état contribue aux impôts pécuniaires du royaume, sans distinction de rang, qualités et priviléges, dans laquelle taxation seront comprins les corvées et autres charges quelconques qui, jusqu'à ce jour, ont toujours tombé sur le Tiers-Etat, lesquels dits impôts seront reportés sur les trois ordres.

3° La suppression des Gabelles (impôt reconnu par Sa Majesté désastreux); la suppression des aides. Les moyens de remplacer les produits de ces deux branches d'impôts doit fixer particulièrement l'attention des Etats généraux. Les exposants ne font aucun doute que les porteurs de procuration de la nation trouveront dans leurs propres lumières le remède aux abus de tout genre que produisent l'énormité de ces droits réunis, dont l'Etat ne bénéficie pas de moitié : et donnant le moyen de simplifier la perception de ces droits, ils auront la douce satisfaction de diminuer les charges de l'Etat.

4° Suppression de la vénalité des charges.

5° Qu'il soit permis à tous vassaux de franchir toutes rentes pécuniaires seigneurialles, dans un délai fixé et cependant assez long pour ne pas gêner les dits vassaux; l'anéantissement total de toute espèce de redevances seigneurialles non pécuniaires.

6° D'être affranchi pour toujours de la banalité des moulins; four et pressoir.

Le cahier des **Tanneurs, Corroyeurs, Mégissiers, Cordonniers, Selliers, Bourreliers** *et* **Aides-apprêteurs employant cuirs,** *fait défaut.*

Marchands Merciers.

Dans des jours aussi lumineux pour la nation, quelles actions de grâces respectueuses ne doit pas à son roi bienfaisant le Tiers-Etat. Sa Majesté daigne l'éclairer aujourd'hui, et veut bien lui donner le pouvoir d'entrer dans des droits qu'il ignorait : Il reçoit de sa bonté paternelle le privilège de présenter à l'auguste Assemblée des Etats généraux ses respectueuses doléances et de leur faire toutes les représentations sur la manière dont il a été gouverné jusqu'à présent, et de découvrir tous les abus et les entraves qui l'ont jetté dans une détresse presqu'insurmontable par la multiplicité des impôts. Partout où le cri public peut s'élever et rétentir au loin, les sujets oublient les liens qui les enchaînent, lorsqu'ils ont l'espoir que leurs prières et leurs vœux auront près du sanctuaire royal l'efficacité qu'ils en attendent.

Quels vexations le Tiers-Etat n'a-t-il pas supporté depuis la fondation du royaume sans oser présenter ses plaintes ? Les deux premiers ordres de la monarchie n'ont-ils pas toujours été les premiers à se séparer du Tiers-Etat. pour ne pas contribuer à des charges dont lui seul a eu tout le poids ? Qu'on jette un coup-d'œil sur les-anciennes assemblées des Etats généraux, on verra avec douleur que les deux premiers ordres ont toujnrs prévalu, et ont eu une prééminence sur lui, puisque ce n'a jamais été lui qui a eu le bonheur et l'avantage de se représenter à une assemblée aussi digne de lui procurer quelqu'adoucissement à ses peines.

La Taille, qui est l'impôt le plus arbitraire, puisqu'il n'a aucunes bases déterminées, a toujours été très onéreux au Tiers-Etat; il l'est devenu encore davantage par celui des accessoires qu'on a joint au principal de la Taille, en portant le montant au double et souvent au delà : Cet impôt est général et personnel dans cette province, et est assis le plus souvent par des commissaires qui n'ont aucunes connaissances de la faculté des contribuables ; d'où il résulte une disproportion et des abus affligeans dans la contribution :

Il en est de même d'une taxe de autre nature que l'on titre de Vingtième d'Industrie ; ce dernier est payé seulement par les différentes communautés des villes et réparti arbitrairement par les Gardes-jurés de la communauté, qui la plupart imposent le particulier plus ou moins, en considération de la liaison qui existe entre lui et ces mêmes gardes-jurés.

Le citoyen en payant ces impôts n'est pas moins sujet au payement des vingtièmes, de la capitation, des corvées, des droits d'aydes et Gabelles et autres. On sent très bien que donner l'énumération de toutes les charges dont le Tiers-Etat a été susceptible de remplir et faire voir les maux qui ont été la suite de ces contributions, ne serait pas un ouvrage neuf, et ce serait répetter ce qui a été exposé très souvent sous les yeux de Sa Majesté : mais pour que le Tiers-Etat ne fût pas seul victime et paye les impôts, il demande que les deux premiers ordres du royaume se chargent d'y contribuer pour leur part ; alors il trouverait un allégement dans ses contributions et ne se verrait pas dépouillé de la majeure partie de sa fortune.

Les désirs et les vœux que fait le Tiers-Etat dans l'occurence présente, seront exaucés ; si les honorables députés qui formeront l'auguste assemblée des Etats généraux délibèrent et statuent qu'un seul et unique impôt supporté indistinctement par les trois ordres de la monarchie ; et ce en considération des biens que chaque individu peut posséder, serait celui qui serait le plus judicieux ; alors la justice et l'égalité régneraient dans la contribution et chaque habitant du royaume aurait un intérest particulier pour que les possessions lui rapporte des productions qui le redîmeraient du payement de son imposition.

Pour que les trois ordres du royaume jouissent paisiblement ensembles et soient à l'abry do toutes entraves, abus et vexations, il serait à désirer que la recette générale de chaque département, fût versée directement aux coffres du trésor royal par le receveur ; que l'on sollicite la destruction entière de la gabelle en permettant que le sel serait vendu librement par quiconque en voudrait faire le commerce.

Que l'on rejette à l'écart la ferme du Tabac et qu'on permette en France la cultivation.

Qu'on supprime les aydes et les régies ; qu'on abolisse le contrôle, ou au moins s'il est nécessaire pour la sûreté des actes, qu'on fixe strictement les droits qui se perçoivent sur les objets qui doivent y être sujets Qu'on abandonne les douanes dans l'intérieur du royaume et si on ne les peut supprimer totalement, qu'elles n'existent qu'aux frontières pour l'entrée des objets seulement venant de l'étranger, et qu'elles soient tenus de n'exiger qu'un quart du droit pour les articles qui viendraient directement des colonies et possessions françaises.

Qu'on permette la liberté du roulage et du transport de marchandises pour que les habitants du royaume ne soient pas exposés à une espèce d'inquisition de la part des commis des messageries.

Qu'on règle un code criminel où le malheureux n'a la liberté de prendre un défenseur, et qu'il y soit arrêté un délay fixe de détention pour la révision du délit et pour le jugement, pour ne pas laisser dans les prisons un homme que le soupçon quelquefois y fait conduire.

Qu'on règle aussi un code de justice civille, qu'il soit établi des bailliages présidiaux et des grands bailliages tels et dans la forme dont Sa Majesté les avait composés, dans lesquels les magistrats seraient tenus de rendre leurs jugements ponctuellement.

Qu'on suprime ces lettres de Repy accordées trop légèrement à des banqueroutiers qui sans délicatesse se font un honneur de tromper et leurs créanciers et le public, où qu'au moins elles ne soient délivrées qu'après qu'il y aurait eu des délibérations faites entre les créanciers et le débiteur, où ce dernier prouverait qu'il ne pourrait statuer à un accord, sans que sa présence fût nécessaire pour faire rentrer ses fonds, dans d'autres endroits que celui où il réside, et qu'elles ne soient délivrées que pour six mois.

Qu'on protège les manufactures et le commerce. Que l'on accorde quelques prérogatives aux marchands et négociants qui se seront distingués; et que les marchandises qui sortent du royaume soient à l'abri de toutes vexations:

Qu'on récompense avec soin le zélé et bon cultivateur en considération des défrichements qu'il aura faits des terres incultes.

Qu'on veille à faire travailler les Indigents valides, soit aux travaux qui nécessite l'entrée des villes, ou leurs communications particulières des unes des autres.

Alors la France reprendra sa splendeur et ne le cédera à aucun autre royaume. C'est le vœu général de la nation.

Epiciers.

Demande la ditte corporation :

1° Une constitution de la Monarchie solide et durable.

2° Le retoar périodique des Etats généraux et qu'il soit statué définitivement sur la manière de les convoquer et sur le nombre des députés qui sera toujours égal pour le Tiers-Etat à celuy réuni des deux autres ordres.

3° Le rétablissement des Etats provinciaux pour être par eux répartis à leur gré les impôts de la province.

4° La suppression des impôts multipliés et notamment celui perçu arbitrairement et toujours d'une manière agravante et non profitable à l'Etat sur les amidons, cartons et papier.

La suppression des banalités des moulins et

fours,
5° La liberté du commerce des farines.

Le cahier des **Ferronniers, Serruriers, Maréchaux, Blancheurs, Orfèvres, Vitriers;** *celui des* **Marchands de bois, Menuisiers, Tourneurs;** *celui des* **Boulangers, Traiteurs, Pâtissiers;** *celui des* **Cabaretiers, Aubergistes, Marchands et Loueurs de chevaux,** *font défaut.*

Cafetiers.

Les cafetiers, limonadiers, vinaigriers délibérant sur les objets particuliers de plaintes et doléances concernant leur profession, ils chargent leur député de représenter que le débit de l'eau-de-vie leur appartient exclusivement, que cependant il y a dans cette ville une multitude prodigieuse d'habitans et de tisserans qui négligent les fabriques pour faire le débit de l'eau-de-vie; que ce débit ne produit aucuns droits; qu'il en résulte ce double inconvénient de détourner des fabriques les artisans et tisserans de leur profession, et de diminuer sensiblement le produit des droits de détail; qu'il seroit de toute justice pour les maîtres caffetiers, avantageux aux fabriques et lucratif pour l'Etat que le débit ou vente de détail de l'eau-de-vie ne se fît que par les maîtres caffetiers, et que l'on tînt la main à ce que ceux qui voudroient s'occuper de ce trafic fussent tenus à l'aprentissage, à la réception, ce qui en diminueroit le nombre et procureroit un accroissement de finances en faisant diminuer les abus.

Doléances du corps des **Bouchers, Chaircuitiers, Poissonniers.**

Ledit corps estime que les députés aux Etats généraux doivent demander: 1° Que les dits Etats soient assemblés de tems en tems à des époques fixées.

2° Que dans les dits Etats généraux le nombre des députés du Tiers-Etat soit égal à celuy des deux autres ordres réunis.

3° Que dans les délibérations les suffrages soient receuillys par tête et non par ordre.

4° Que les impôts soient simplifiés et également répartis sur tous les individus selon leur fortune, sans avoir égard à aucuns priviléges.

5° Que la gabelle, aides et autres impôts si onéreux par les frais de perception soient supprimés.

6° Enfin le dit corps estime que les dits députés doivent demander la suppression des Banalités, des Colombiers, des Coutûmes et des autres servitudes si préjudiciables au Bien public.

Perruquiers.

Les membres qui composent la corporation des maîtres perruquiers....., osent très humblement présenter leur cahier de doléances, plaintes et représentations, qu'ils croyent les plus propres à assurer la gloire du Roy, le bonheur de ses peuples et la prospérité de l'Etat.

1° Les députés du Tiers-Etat qui seront nommés à Bernay le 29 mars prochain..., seront tenus de se conformer aux trois articles suivants.

2° Ils nommeront quatre députés pour Versailles, avec députés des autres villes et bailliages, qui soient reconnus d'une probité, d'une intégrité, qui soient à l'abri de tout soupçon.

3° Les députés du dit Tiers-Etat de Bernay mettront des bornes et limitation fixes, aux pouvoirs qui seront confiés aux députés du dit tiers pour Versailles, au-delà desquels ils ne pourront passer.

4° Ils nommeront les dits députés, à condition, et parce qu'ils demanderont aux États généraux le rétablissement des États provinciaux de Normandie avec une chambre intermédiaire pour e... (*texte enlevé*) les représenter par des séances réglées et...

5° Les quatre députés aux États généraux ne ..... r Versailles avant le rétablissement des États de la province, et de la chambre intermédiaire, qui sera chargée pendant l'année de les représenter.

6° Les mêmes députés demanderont en second lieu la conservation des droits, libertés, loix, coutumes, franchises, prérogatives et priviléges appartenant à la ditte province, et ne pourront encore passer outre, et délibérer, et consentir à d'autres sujets que ce puisse estre qu'ils n'ayent obtenu l'objet de cette demande.

7° Les mêmes députés demanderont l'abolition de la vénalité des charges de judicatures qui seront remboursés, sur le prix des finances, pour estre à jamais éteintes et abolies.

8° Les mêmes députés demanderont la comptabilité et la responsabilité des ministres, chaqun dans leur département, pour estre obligés tous les cinq ans dans les États généraux répondre de leur gestion sur leurs biens et leur teste.

9° ... que l'impôt qui sera établi ne puisse estre augmenté pendant l'intervalle de cinq ans, qui s'écouleront depuis la tenue des États de 1789 jusqu'en 1794.

10° ... l'égalité proportionnelle des impôts tans pour les provinces du royaume que pour les trois ordres les composant.

11° ... que les priviléges pécuniaires soyent abolis, dans les ordres du clergé et de la noblesse, qu'ils soyent imposés à raison de la quantité et qualité de leurs fonds comme gens du tiers état, mais sur un rôle particulier qui sera conforme... (*texte enlevé*) qu'ils seront tenus tous et chacun en partie donner de leurs... la chambre intermédiaire, pour estre mise et rendue exécutoire par les états généraux de chaque paroisse.

12° .... l'abolition des servitudes réelles et personnelles, l'abolition des corvées publiques et particulières, l'abolition de la banalité, des droits de chasse, de pêche, comme contraires aux droits naturels, à l'agriculture et à la félicité publique.

13° ... l'abolition de l'impôt désastreux de la gabelle, et l'établissement des bureaux dans les villes et les campagnes où le sel sera déposé pour estre vendu publiquement à vil prix, lequel prix sera fixé par les états généraux.

14 ... la réforme des abus qui se sont glissés dans l'administration des finances soit pour le fond soit pour la forme.

15° Sur le fond, ils demanderont l'abolition de ces rescrits du controlle général aux controlleurs ambulans et particuliers, sendentaires en chaque ville pour les authoriser à la perception des droits, qui n'ont point été préalablement fixés par un arrêt du Conseil dûment enregistré dans les Etats généraux du royaume et de chaque province.

16° ... l'abolition du receveur particulier des tailles de chaque ville, et receveurs généraux en chaque généralité, vû que les états du royaume et ceux de la province auront soin d'y pourvoir.

17° ... l'extinction des droits d'entrées de boissons dans les villes, des bureaux des aides, des receveurs qui y président, des commis qui veillent à l'exacte perception, de ces hommes qui vexent impitoyablement le public, qui troublent la tranquilité des familles, qui exagèrent les frais de régie et qu'on peut appeler les sangsues de l'Etat.

18° ... la liberté du commerce intérieur et étranger, l'abrogation ou du moins la diminution de ces droits qu'ils ori... entravés dans le négoce, et empêche la ... villes maritimes de frontières du royaume...

19° ... l'extinction de la hiérarchie fiscale par laquelle les fermiers généraux créent tant d'officiers subalternes chaqun dans leur département particulier, qui sont aussi inutiles qu'o-

néreux à l'Etat.

20° ... la réformation des codes ecclésiastiques, civil et criminel, parce que les Etats généraux hommeront des commissaires dans chaque ordre, chargés de les rédiger et d'en écarter tout ce qui peut nuire à la liberté civile et tout ce qui porte l'empreinte du despotisme et du pouvoir arbitraire, dans les Prélats, dans les Présidents, Juges, Enquêteurs et autres qui prennent connaissance des délits et procédures tant civiles que criminelles.

21° ... la liberté civile, la suppression de ces formes judiciaires, par lesquelles, l'accusé avant d'être coupable, avant d'avoir plaidé lui-même sa cause, ou requis le ministère d'un avocat pour la plaider en son lieu et place, est obligé de répondre à un commissaire enquêteur, de subir des interrogatoires séduisans, de démêler des pièges qu'on tend au crime comme à l'innocence, et d'éviter les erreurs presque imperceptibles où l'engagent, presque malgré lui, un officier adroit, qui dresse sévèrement ses batteries, qui épie son accusé, et lui dicte, en quelque sorte des réponses captieuses qui sont ensuite mal rédigées par un greffier qui n'a point entendu ou qui a mal rendu ou mal interprété les termes dont s'est servi l'accusé pour établir sa justification.

22° ... l'augmentation de la solde des officiers et militaires de toutes classes qui versent si généreusement leur sang, et presque gratuitement pour la patrie.

23° ... la réformation des différents impôts qui grèvent le taillable ... combinaison des moyens pour établir le niveau dans la perception entre les différents contribuables, afin de réparer, par une augmentation raisonnable et proportionnelle, qui resultera du plus grand nombre des individus des trois ordres qui seront désormais également soumis à l'impôt, le déficit des finances qui sera soigneusement constaté.

24° ... enfin l'abolition de tous les priviléges qui jusqu'alors ont enrichi le clergé et la no-

blesse, parce que le tiers-état leur abandonne
volontiers les titres et les honneurs qui sont
dus à leur état, à leur dignité, à leur place, et
toutes les prééminences qui les distingueront
assez avec les vertus de désintéressement et de
patriotisme dont il nous donneront l'exemple.

25· Les députés du tiers-état ne consentiront
à aucune proposition, loy, arrêt, édit, ordonnance que pour cinq ans seulement; sauf à leur
donner dans la suitte une durée aussi longue;
que la sanction sera juste et digne de nos res-
pects (1).

Le cahier des **Tailleurs d'habits, Fri-
piers, Revendeurs de meubles, Tapis-
siers,** *celui des* **Laboureurs, Meuniers,
Regrattiers de grains, Journaliers,**
font défaut.

Malgré l'absence d'un certain nombre
de cahiers, on ne peut, il nous semble,
avoir un exposé plus complet, plus im-
partial des doléances du Peuple, que celui offert par les cahiers de Bernay.

Nous nous faisons honneur d'appartenir, par nos ancêtres, à cet humble Tiers-
Etat de 89, dont la sagesse, l'équité, la
générosité, le patriotisme sont résumés
dans cette devise alors tant respectée:

LA NATION, LA LOI, LE ROI.

E. VEUCLIN.

---

(1) Archives municipales de Bernay. *Série AA.*

LA FRANCE EN 1789

Publiés par E. VEUCLIN

BERNAY

Imprimé par Y. E. Veuclin

EN L'AN 1885